La Question de l'Odéon

LETTRE
À
SON ÉDITEUR

PAR ***

PRIX : **1** FRANC.

PARIS

PAUL OLLENDORFF, ÉDITEUR
28bis, RUE DE RICHELIEU

1879

Tous droits réservés.

LA QUESTION

DE

L'ODÉON

LETTRE A SON ÉDITEUR

Par ***.

PARIS

PAUL OLLENDORFF, ÉDITEUR

28ᵇⁱˢ, RUE DE RICHELIEU

1879

Tous droits réservés.

I

Mon cher Ami,

S'il est un jeu particulièrement cher à ce peuple français, qui passe — à ses yeux surtout — pour le plus spirituel de la terre, c'est le jeu des *Questions*. Je ne sais ce qu'il est advenu du journal fondé sous ce titre ; je serais désolé qu'il n'eût pas réussi, et non moins surpris : il me paraissait répondre si parfaitement aux besoins de l'époque : La Question ?

Il est vrai que certaines de ces Questions naissent et s'éteignent avec la rapidité des éphémères, d'autres sont aussi *récalcitrantes* que le fameux cadavre de l'opérette d'Hervé, et ne sont enterrées que pour réapparaître avec un point d'interrogation plus gros. Celles-ci passionnent tout Paris, comme la Question du Bulgare : *Cherchez le chat !* Celles-là parviennent à une longévité extraordinaire, comme celle de l'Opéra — et d'ordinaire ce sont celles qui précisément demanderaient une solution plus prompte. Mais pas de critiques ! je me suis promis à moi-même de déployer ici une mansuétude... universelle. Pour des raisons que vous connaissez, je ne puis signer cette étude... légère, et il serait de mauvais goût de se cacher derrière le mur de l'anonyme pour distribuer, de droite et de gauche, les horions les plus mérités ! Je dois cependant à mon Lecteur — ou à mes Lecteurs, s'ils sont deux — l'assurance, légalisée par vous, que mon anonyme ne cache pas un brochurier absolument étranger à la question qui fait le sujet de sa brochure. Je suis du bâtiment : trop souvent les aveugles s'ingèrent de parler des couleurs, et c'est le défaut de bien des gens, et de beaucoup de commissions instituées, de s'occuper de choses qui leur sont de l'hébreu. Le mot de Beaumarchais sera éternellement vrai : « Il fallait un calculateur, ce fut un danseur qu'on choisit. » Et le danseur choisi n'en résout pas moins les problèmes qui eussent dû se présenter à l'examen du calculateur !

Donc je n'attaque personne : je ne fais le procès qu'aux circonstances, et, si je me décide à dire un mot sur cette question de l'Odéon qui devient plus impérieuse tous les jours, c'est qu'il me paraît que j'ai de bonnes choses à dire : le mal, toujours facile à constater, et le remède ; plus malaisé à indiquer. Ce n'est pas la première fois que la question m'a ému. Il y a de longues années déjà ; je l'avais étudiée de près, j'avais trouvé une solution — qui devait être heureuse, puisque, aujourd'hui, après longtemps, et en dépit de bien des événements divers, cette solution m'apparaît encore comme la plus avantageuse et la plus rationnelle.

Je ne vous promets pas une logique imperturbable, mais, pour mettre un peu d'ordre dans mes idées, et les rendre aussi limpides à mon... ou mes Lecteurs, qu'elles le sont en mon esprit, je divise ma... consultation en deux parties : Constatation du mal, — Proposition du remède. Et si je ne suis pas très-spirituel, ce qui est mal commode avec le parti pris de n'être pas méchant, je me contenterai de faire montre d'un peu de bon sens, un bon meuble, comme disent les paysans de chez moi, et qui manque trop souvent dans le mobilier français.

Le mal, le voici, en un fait :

Monsieur Paul Delair, un poëte d'un grand talent, dont Coquelin a lu dernièrement quelques poésies, à la Salle des Conférences, avec un grand et double succès, monsieur Paul Delair attend la représentation d'un drame en cinq actes et en vers, reçu à la Comédie-Française, et écrit depuis six ans !

Depuis six ans ! Voyez-vous la...... monstruosité de la chose ? Songez-vous à ce que c'est que six ans dans la vie d'un homme ?.. Six ans d'attente anxieuse, impatiente, pleine d'angoisses, d'espoirs et de déceptions ?

A qui la faute ?...

A personne !

A tout en général, et particulièrement à l'institution de l'Odéon !

L'Odéon !.. Je voudrais connaître le parrain malavisé qui inventa ce nom grec et stupide pour en baptiser le second théâtre français. Je dirais à ce parrain, fort en thème, mais non moins ignorant de l'esprit français, que c'est lui la cause première de tout le mal, lui le vrai coupable, le complice, au moins, de tous les crimes de lèse-cahier des charges qui se sont commis à l'ombre de cette étiquette sans signification évidente : l'Odéon !

Le jour qu'une Loi, dont il m'eût été facile de vous donner la date — mais elle importe si peu que vous m'excuserez de ne point la rechercher dans mes notes — accorda au théâtre de l'Odéon une subvention annuelle de cent mille francs, les jeunes auteurs dramatiques demandèrent que le théâtre fut appelé : *Théâtre de la jeunesse*. Ils pressentaient, et combien l'événement leur a donné raison, ce qui n'a pas manqué d'arriver. Et redoutant, justement, que le vœu des législateurs ne tardât pas à être oublié, ils voulaient qu'une inscription sur la pierre le rappelât perpétuellement aux directions à venir.

Le Français se paie volontiers de mots, dit-on ! Il n'a pas tout à fait tort, d'ailleurs, — puisque les mots sont la signification des choses. Le défaut de Odéon c'est qu'il ne signifie absolument rien.

Théâtre de la jeunesse, à la bonne heure ! on sait ce que cela veut dire.

Second Théâtre-Français a un sens réel et à la portée de tous.

Il y a un axiome de droit commercial qui dit que le pavillon couvre la marchandise. Hissez donc un pavillon au sommet de ce bâtiment plus ou moins Corynthien, qui dise hautement quelle marchandise il couvre de ses plis. — On ne vendra plus du mélodrame à grand spectacle dans ce marché de littérature dramatique !

Ah !... il a déjà une assez cruelle ennemie, ce théâtre mal nommé : sa position topographique. — On a tant fait de mots dessus — à commencer par Roqueplan, dont on connaît les condoléances au directeur actuel : « Un beau théâtre, disait-il, mais l'hiver, trop « loin, et l'été, pas assez à la campagne ! »

Mon opinion est que l'Odéon sera merveilleusement situé, au contraire, le jour où il cessera d'être l'Odéon pour devenir, en titre et en fait, le *Second Théâtre-Français* !

Mais cela c'est déjà le remède, et avec le mal je n'ai pas fini. Le mal, c'est l'organisation actuelle de l'Odéon.

Et la faute n'en est pas au directeur présent, qui ne fait ni mieux ni pis que ses prédécesseurs, et de qui, raisonnablement, on ne saurait exiger autre chose que ce qu'il fait. Un directeur de théâtre, si subventionné qu'il soit — et la subvention de l'Odéon, réduite à soixante mille francs, est insuffisante incontestablement — un directeur de théâtre n'est qu'un commerçant dont le premier devoir est d'éviter cet abîme commercial qui a nom : la faillite. Le second, mais seulement le second, est de remplir strictement les obligations de son cahier des charges ; et Dieu — Apollon, celui des vers — sait combien il est facile de remplir ces obligations strictement, sans faire la part large aux justes aspirations de la jeune littérature dramatique. En vérité, quand on considère le chiffre dérisoire jusques auquel peuvent descendre les recettes de l'Odéon, on aurait mauvaise grâce à demander à son directeur — industriel — de se contenter de cette misère, sans chercher à la réparer par quelques coups de fortune propres à établir la balance. Et quand on songe que ces recettes basses se chiffrent quelquefois par un total de 74 francs, on se demande quels miracles de distribution active de billets il ne faut pas accomplir p our *parer* couci-couci cette vaste salle qui contient quinze cents places! De là le désert dont on s'est tant diverti, le froid, l'éloignement du public, et les légendes du spectateur gelé qu'on retrouve au lendemain matin raidi dans sa stalle, et de l'invasion des ours blancs qui croient retrouver là leur patrie polaire!...

Je sais, entre autres candidats à la direction de l'Odéon, un homme jeune, ardent, lettré et avec cela animé des meilleures intentions. Je ne voudrais certes pas décourager M. A. Delpit, mais combien je craindrais que, victime de ses généreux projets, il n'y laissât toutes ses plumes — y compris celle dont il s'escrime avec un triple talent dans le livre, sur la scène et au rez-de-chaussée du journal! C'est que la maison est exceptionnellement lourde, quelque peu discréditée, et point assez subventionnée, rétablît-on même la subvention entière de cent mille francs.

Le dilemme est concluant : ou le directeur de l'Odéon fera tout son devoir — alors il se ruinera en peu de temps — ou il craindra, à bon droit, de se ruiner, et dans ce cas il ne fera pas tout son devoir. — Autrement : faillir à sa mission ou faillir à ses engagements commerciaux, voilà le dilemme!

Or sa mission est haute — grand est son devoir. Mettre au jour les jeunes talents, les guider, les développer — les nourrir — et préparer l'avenir de notre gloire dramatique — l'une des rares gloires qui nous soient restées, hélas ! — Cela fait une grosse question qui, à mon sens, est toute dans la question de l'Odéon.

Il y a beaucoup de clichés — la décadence de la littérature dramatique est un cliché. Je ne voudrais pas rappeler de trop fameuses circulaires, mieux pensées à coup sûr que rédigées. — Je le répète, je n'attaque personne, et ici, du moins, l'intention était bonne et saine. Il a été, d'ailleurs, répondu à ces circulaires : « Non la littérature dramatique n'est pas en décadence. » Et je le redis bien haut, ne comptant pas que le nom de littérature dramatique — et c'est là qu'était la confusion — s'applique à ces productions misérables visées par les circulaires, et qui ne sont en aucune façon de la littérature. Je laisse de côté les cafés-concerts, leur répertoire et leurs pourvoyeurs, qui, en réalité, ne font pas tant de mal à l'art élevé — puisque toutes les productions de cet art élevé trouvent au contraire, aujourd'hui plus que jamais, des adeptes et des publics. — Conférences, lectures, auditions musicales, représentations du répertoire à prix réduits sont également recherchées et courues : il y a à cette heure, c'est incontestable, des germes d'un grand mouvement artistique, littéraire et dramatique. Raison de plus pour favoriser cet élan — encourager cet effort — échauffer, nourrir et... arroser cette germination.

Les cafés-concerts détournent moins de ... mineurs de la littérature dramatique que n'en détournent les journaux. C'est là la vraie... « maison qui n'est pas au coin du quai », dont vraiment fatale est la concurrence !

Et comme il est naturel, logique et humain, qu'un jeune littérateur renonce après quelques essais, si pleins de promesses soient-ils, à cette marâtre qui est la carrière dramatique, pour demander à la chronique parisienne, *alma parens*, le salaire beaucoup plus considérable d'un labeur beaucoup plus doux ! — Et chaque fois que cet autre Minotaure qui s'appelle le journal ouvre sa grande bouche d'anthropophage, c'est un auteur dramatique de l'avenir qui fait le dernier plongeon ! Depuis Jonas — de l'aventure de qui il est, je crois, permis de douter — les monstres ne rendent pas leur proie — ou si peu !

Combien sont journalistes aujourd'hui — du haut en bas — qui eussent, sans les broussailles du début, préféré demeurer auteurs dramatiques !

Je n'irai pas jusqu'à dire qu'il soit impossible de faire sa percée. Je suis un tantinet sceptique — je ne crois pas aux génies incompris... éternellement. Mais, à l'heure qu'il est, et quand on n'a que du talent, il faut, en plus, deux conditions absolues pour arriver à cette percée : la vocation — et la volonté ! — Ceux qui n'ont que la vocation n'ont pas assez !

Il y a aussi des volontés qui servent ce que nous appellerons : des passions malheureuses, — mais de ces infortunés, foin ! Mon avis est qu'on ne les découragera jamais assez ! Pour ceux qui, selon l'énergique expression de l'atelier, n'ont rien dans le ventre, on trouvera dans la correspondance de Voltaire le seul... conseil qui leur soit dû : « Faites des perruques ! »

Mais celui qui a quelque chose dans le ventre ? —

Je sais bien qu'il n'a qu'à prendre patience. L'œuvre écrite sera, après trois ans reçue, au Théâtre-Français. — Encore trois ans, et elle sera représentée. — Mais cela fait six ans, et c'est toute une armure de patience dont il faut se vêtir pour atteindre jusque-là... sans désespérer. D'ailleurs, cet homme, qui attend, il a mieux à faire que d'attendre ! Sa première œuvre représentée, il en eût fait une seconde, et une troisième — et à l'heure où il ne sera encore qu'un débutant... il serait déjà dans toute la maturité du talent, et dans toute la puissance de la production !

C'est que, s'il est une route difficile, — « un chemin montant, sablonneux, malaisé, » c'est à coup sûr la littérature dramatique. Nos frères sont — tous — plus heureux, plus aidés, plus protégés !

Le peintre fait son œuvre, seul, et a cette possibilité — moyennant l'apposition d'un timbre de dix centimes — de l'accrocher à un clou, au coin d'une rue. Les passants s'arrêteront, critiqueront, remarqueront. Le peintre a crié son nom à la foule, et pour s'épargner encore le clou et le coin de rue, il peut porter sa toile à l'Exposition des Champs Élysées où elle sera reçue (je ne parle que des gens de talent) — reçue, exposée, cataloguée, visitée, critiquée, remarquée, médaillée et... achetée.

Mêmes avantages au sculpteur, et s'il se plaint, au rez-de-chaussée du même palais, de partager le local des chevaux, au moins sera-t-il, comme son frère le peintre, reçu, exposé, catalogué, visité, critiqué, remarqué, médaillé et... acheté.

Le comédien, enfin, rencontre au commencement de ses études, un Conservatoire qui le forme, l'instruit, le pensionne, le juge, le couronne et l'envoie au feu... de la rampe.

Mais l'auteur dramatique ?...

Je voudrais qu'un musicien traitât la question du Théâtre-Lyrique comme je m'occupe de la question de l'Odéon. Je n'en dirai qu'un mot, en passant, qu'il y a une complète analogie entre les deux questions. Le mal est le même, et le remède serait le même aussi.

Mais l'auteur dramatique ?

Il a travaillé seul, sans autres maîtres que ceux qu'il a lus seul, et que nul ne lui a expliqués, il a écrit son œuvre avec l'inexpérience inévitable, sans feu peut-être, sans beaucoup de pain souvent, et s'il lui a suffi, comme frais de premier établissement, d'une plume et d'une main de papier, il n'en a pas moins fallu, auparavant, des années d'études, une instruction solide, des connaissances étendues, autant de sacrifices qu'il sied de ne pas oublier. L'œuvre est écrite : il s'agit de la produire. Un homme d'esprit a dit : — je crois que c'est Dumas fils; si ce n'est pas lui, il ne s'étonnera pas de ce prêt : on prête aux riches ! — « Quand la pièce « a été écrite avec les mains, il reste encore à l'écrire « avec les pieds ! » En route, poète... « En chasse ! et chasse heureuse ! »

Vous souvient-il d'un charmant volume de Pierre Véron, intitulé : *les Gens de Théâtre* ? C'est aussi navrant qu'étincelant d'esprit, aussi vrai qu'étincelant, sauf l'exagération comique voulue.

Son héros arrive à Paris, un manuscrit en poche, rayonnant d'illusions, architecturant déjà de féeriques châteaux en Espagne, et... après les plus drôlatiques péripéties, il se retrouve concierge résigné du premier théâtre où il s'est présenté poète crédule, — successeur abêti du cerbère qui, le premier, ébranla brutalement sur sa tête le pot au lait de Perrette. — Concierge ! ce n'est pas le dénouement accoutumé. Faisons la part du roman, et renvoyons notre homme dans sa province, clerc d'avoué, greffier de juge de paix ou instituteur primaire..., de temps en temps, si sceptique que je sois, il est impossible de nier, de temps en temps, un suicidé de plus ! « Ce n'est rien, c'est une « femme qui se noie ! »

Si l'Odéon n'existait pas, on le bâtirait peut-être, et on lui donnerait sa vraie destination ; mais il existe, voilà un malheur, et il s'appelle Odéon, un autre malheur plus grand encore !

Quelquefois le Théâtre-Français, le premier, ouvrit ses portes à un jeune poète. Combien ont commencé par lui ! qu'il en soit béni ! Mais son rôle est tout autre, et là n'est que l'exception. Je reviendrai, dans ma seconde partie, sur son fonctionnement. Je n'en veux dire qu'un mot.

Il y a, vous le savez, deux sortes de réception. La bonne, et l'autre... la réception à correction. Dans ce second cas, si l'Odéon était véritablement le second Théâtre-Français, l'administration de la Comédie-Française pourrait dire au poète reçu à correction : « Portez votre œuvre à l'Odéon, elle y sera représentée. »

Eh! bien, je voudrais non pas qu'elle *pût* dire ainsi. Je voudrais qu'elle *dît*. Je voudrais que ce conseil ne fût pas un avis platonique. Je voudrais que l'Odéon fût ouvert aux épaves de la Comédie-Française, je voudrais qu'il fût vraiment le deuxième Théâtre-Français, et là est le remède que je vais proposer, avec justifications à l'appui, au mal que je crois avoir suffisamment dénoncé.

II

Le Théâtre-Français jouit aujourd'hui d'une prospérité dont je ne rechercherai pas les causes multiples. La première et la plus honorable pour lui, celle qui est aussi le gage de la durée de cette prospérité, c'est une bonne direction à la tête d'une compagnie de comédiens de talent. J'ai entendu... murmurer certains reproches spécieux à l'encontre de la direction. L'administrateur du Théâtre-Français « se devrait-il soucier plus que de raison de décrocher des maximums... continus, et croit-il remplir toute sa mission parce qu'on l'appelle « *Septmille* Perrin ? » Et, parmi ces reproches, vient celui-ci : que tel auteur vivant, et des jeunes principalement, sera condamné à ces longues attentes dont je vous parlais plus haut. Condamné par quoi, demandé-je?... sinon par la force des choses ! — Je n'ai pas à défendre l'Administrateur de la Comédie, ni qualité pour cela. Mais je vous ferai observer cependant que plus haut est le personnage à qui nous avons à faire, et, plus nombreuse étant sa clientèle, plus tardera notre tour d'être admis. Il est des antichambres de médecins, ou d'avocats où l'on n'attend guère. — Il en est d'autres où il faut se résigner à croquer le marmot — et, en somme, la contrariété d'attendre n'est-elle pas, plus tard, compensée par la supériorité du conseil sollicité. C'est absolument ce qui arrive au Théâtre-Français et il n'est que juste qu'on y fasse antichambre après les maîtres de la scène. Il est vrai aussi que la série des reprises, érigée en système, dévore le plus clair des années, que la Comédie s'est accoutumée à des succès régulièrement centenaires, et qu'il suffit d'une reprise d'*Hernani*, d'une reprise du *Demi-Monde*, et de la représentation des *Fourchambault* pour conduire le... char de Molière du 1ᵉʳ janvier à la Saint-Sylvestre! Mais n'est-ce pas aussi le devoir du théâtre de donner asile et consécration aux chefs-d'œuvre des répertoires divers, et qui pourrait ou oserait se plaindre, notamment, de cette résurrection rayonnante de l'œuvre dramatique du Maître admiré de tous?

Seulement, je reviens toujours à mes moutons — seulement, si le Théâtre-Français est le *Louvre*, je demande qu'il y ait un *Luxembourg*.

La vérité c'est que ce Théâtre, qui est en passe de dévorer beaucoup d'autres, ne peut plus se suffire à lui-même : Là, il y a pléthore... presque partout ailleurs, anémie!

C'est un peu la loi commune : toute l'eau va à la rivière! C'est aussi — commercialement parlant — ce phénomène logique qui s'accomplit pour certaine maison de nouveauté (que je ne nommerai pas, pour n'avoir point l'air de glisser une réclame ici) — qui absorbe et tue toutes les maisons rivales. Que fait autre chose le Théâtre-Français? Chaque jour il élargit le cercle de ses... rayons, et la... marchandise lui vient de toutes les productions diverses! Un jour il dépouille l'Odéon, — un autre, la Porte-Saint-Martin, — puis le Gymnase, le Vaudeville, le Théâtre-historique... (1) Et ce n'est pas que les œuvres qu'il arrache à tous les théâtres, aujourd'hui menacés sinon ruinés, il leur enlève également leurs artistes de talent, dont il se sert d'ailleurs peu ou prou, dépassant tous ses rivaux de toute la hauteur de sa concurrence omnipotente, absorbant, centralisant, monopolisant...

C'est un magnifique théâtre que le Théâtre-Français, — mais il l'est trop, magnifique! Et pour continuer ma comparaison — qui ne veut avoir rien d'offensant — avec la maison de nouveautés il y a dans la maison tant de précieux bric-à-brac, que ce voisinage nuit à la nouveauté — doublement. L'acheteur y est foulé, le producteur fait le pied de grue, les articles perdent de leur fraîcheur dans les cartons, et nombre d'employés — trop nombreux aussi — se croisent les bras, maudissant leur inaction. Que doit faire, en cas pareil, la maison de nouveautés? — décidément je tiens à cette comparaison, réserve faite de la supériorité des produits. — Que fait-elle?... Oh! mon Dieu, c'est bien simple : Elle ouvre une succursale !

(1) Je vous citerai, par exemple, au hasard de la mémoire : La Cigue — La Jeunesse — Le marquis de Villemer — L'Honneur et l'Argent — Le Testament de César Girodot (Odéon) — Le Demi-Monde — Le Fils naturel — Le Gendre de M. Poirier — Mercadet — Philiberte (Gymnase) — Ruy Blas (ancienne Renaissance) — Le Chandelier (Théâtre historique) — Dalila (Vaudeville) etc., etc.

Voilà ce que je demande : une succursale de la maison Molière et Cᵉ — un second Théâtre-Français, qui soit au premier, j'y reviens, ce que le Luxembourg est au Louvre — Au premier Théâtre-Français, les très-illustres — au second tous les autres! et avec quelques accommodements que je vous dirai au fur et à mesure que l'occasion s'en présentera.

Si l'Odéon n'existait pas, on le bâtirait peut-être et on lui donnerait sa vraie destination qui est d'être la succursale du Théâtre-Français, mais il existe, voilà un malheur, et il s'appelle Odéon! un malheur plus grand encore.

On le bâtirait, et si l'on avait entièrement le choix de l'emplacement, on ne le bâtirait pas ailleurs que là où il est, de telle sorte qu'il fût tout auprès du Luxembourg, comme la Comédie-Française est tout auprès du Louvre. Il y a, en effet, des rapprochements qui sont marqués.

Mais de ce qu'il existe, ce théâtre, ce n'est pas, ce ne devrait pas être une raison de ne pas faire ce qui est à faire. Commencez donc par gratter ce nom déplorable qui a le don de m'horripiler, et écrivez au fronton du théâtre :

— Second Théâtre « Français! »

Est-ce écrit ?... Le plus fort est fait !

Tout change d'aspect.

Déplorablement situé en tant qu'Odéon, il est à sa vraie place comme Second Théâtre-Français, au quartier des Écoles, au centre d'une population ardente, nombreuse, peu fortunée ; ayant derrière lui, encore, des arrondissements excentriques, pour qui les théâtres sont trop coûteux aujourd'hui, et qui emplira d'assaut cette vaste et belle salle, où je demande que les prix des places soient sensiblement réduits, afin que le deuxième Théâtre-Français soit aussi le Théâtre-Français populaire.

Car c'est là une des premières réformes que je souhaite. Il est évident que les théâtres sont graduellement parvenus à des prix inaccessibles pour les petites bourses. Le gros du public recule devant la cherté des places, augmentée encore de la différence trop sensible entre le coupon pris en location et celui pris au bureau. Le goût du théâtre ne s'efface pas, il est humain, donc éternel, mais que de gens ont des goûts qu'ils ne peuvent satisfaire ! Combien ne vont pas au théâtre parce qu'ils n'en ont pas les moyens, et qui iraient volontiers si leurs ressources ou la modicité des prix le leur permettaient. L'expérience a été faite souvent, et toujours concluante, à l'Odéon surtout, où les matinées de répertoire à prix réduits ont toujours fait des salles combles. Mon système est donc aussi pratique que démocratique ! Démocratie pratique ! voilà une heureuse association de mots !... heureuse... et rare !

Je suis convaincu, pour ma part, que beaucoup de théâtres de genre trouveraient un réel avantage à baisser sensiblement leurs prix. Si, d'une part, c'est un renoncement éternel à ces superbes maximums de cinq et six mille francs, ce serait, en revanche, le retour à ce qui était autrefois : de bonnes moyennes, sages, constantes, sans les soubresauts que nous voyons aujourd'hui, certaines et rémunératoires. Mais si cela serait vrai pour le Gymnase dramatique, par exemple, combien ce l'est plus pour le second Théâtre-Français, dont les vastes proportions permettent d'atteindre, malgré l'abaissement des prix, des recettes assez élevées. Et quelle heureuse exploitation, le jour où la moyenne du théâtre donnerait un chiffre régulier de deux mille cinq cents francs à trois mille francs... heureuse déjà pour une direction quelconque, exceptionnellement avantageuse pour la direction mère du premier Théâtre-Français, à qui sa succursale demanderait si peu de frais, et rapporterait tant de bénéfices.

Cette institution d'un second Théâtre-Français populaire me paraît de nature à sourire à nos gouvernants. Aussi bien je n'insiste pas, et je passe au mode de fonctionnement.

Ma conviction est que le second Théâtre-Français serait une source de bénéfices nouveaux pour le premier ; et cela fût-il, je ne vois pas qui pourrait s'en plaindre. Eh! mon Dieu, que les sociétaires du Théâtre-Français se distribuent des partages fantastiques, rien de plus équitable. Talent et vaillance, ils ont tout ce qu'il faut pour les mériter. C'est de l'argent bien gagné, et n'oublions pas que quelques-uns d'entre eux rencontreraient même des avantages plus considérables s'ils voulaient exercer leur industrie, soit dans des théâtres de genre, soit dans des excursions en province et à l'étranger, lectures, représentations, tournées artistiques et littéraires. N'oublions pas ceux qui se dévouent à l'enseignement, et acceptent, que dis-je? sollicitent l'honneur d'instruire leurs futurs camarades au prix du traitement illusoire que le Conservatoire donne à ses professeurs. Je ne vois donc nul inconvénient à ce que le Théâtre-Français bénéficie de l'accroissement de ressources que lui constituerait l'adjonction d'un second Théâtre; et je crois même que, en vue du bien que cette combinaison ferait à la jeune littérature dramatique, il y aurait lieu de reporter la subvention de l'Odéon à la somme entière de cent mille francs accordée autrefois.

Ce qui serait onéreux pour une direction isolée, ne le serait pas pour la direction étayée, secourue, patronnée par la société du Théâtre-Français, et ne serait-ce rien que le patronage de cette société, étendant sur une scène accessoire le prestige de son renom, de sa fortune, de son crédit? La société du Théâtre-Français peut seule rendre à l'Odéon actuel sa juste destination, et où elle réussirait certainement, tout autre infailliblement échouerait.

De même qu'aux grandes Compagnies de chemin de fer incombait l'obligation de construire les embranchements qui se souderaient à la ligne principale, de même je voudrais que le second Théâtre-Français fût adjoint au premier. — Enfin, il y a un vieux proverbe très-vrai qui dit : quand il y en a pour un il y en a pour deux !

Et il y en a si largement pour un au Théâtre-Français! J'ai parlé des œuvres — voyez donc que de comédiens inoccupés? — Combien jouent rarement? — Combien jamais? — A cette... légion, qui fait tous les jours de nouvelles recrues dans les autres compagnies parisiennes, ajoutez l'appoint de la troupe actuelle de l'Odéon, et la plupart des couronnés du Conservatoire qui, actuellement, viennent, à chaque concours, grossir les rangs des... inutiles, sans grand avenir pour personne, au moins qu'à lointaine échéance; et croyez-vous que la troupe du Théâtre-Français ne soit pas assez considérable pour desservir deux scènes ensemble ? Et les desservir sans cette solution de continuité qui s'appelle la clôture annuelle de l'Odéon, et que je trouve fâcheuse, inique, fatale ! De quel droit, en effet, prononcer cette clôture, et fermer, pendant un quart de l'année, un théâtre qui ne devrait pas avoir assez de ses trois cent soixante-cinq jours pour satisfaire à ses engagements ? Parce que la hauteur des recettes présumables est en raison inverse de la hauteur thermométrique ? — Le beau malheur vraiment ? Est-ce que tout commerçant n'a pas à compter avec sa morte saison ? C'est à la direction prévoyante à trouver ses compensations dans la saison d'hiver, à établir sa balance entre les mois de prospérité et les mois de chômage, et à faire comme la fourmi — mais contrairement à la fourmi — ses provisions sous la bise pour l'été venu.

Après la question des comédiens, celle du matériel : Ici encore la Comédie française est assez riche pour alimenter les deux scènes, et le jour où l'État, désintéressant le directeur actuel de l'Odéon, ajouterait au matériel du Théâtre-Français les richesses en costumes, décors et armes qui dorment dans les magasins de l'Odéon, je ne crois pas m'avancer beaucoup en affirmant que ce fonds énorme permettrait de monter nombre d'œuvres nouvelles au second Théâtre-Français, sans ombre de dépenses autres que de raccordement.

Tandis que l'encombrement va cesser au premier Théâtre-Français, le second Théâtre revivra de l'exubérance de son grand aîné. Les auteurs reçus n'attendront plus six années le jour de leur première représentation. Les comédiens ne se rongeront plus dans l'attente non moins cruelle de leur première création. Les auteurs, ayant donné leur œuvre de début en son temps, pourront en faire de nouvelles, avec une expérience mûrie par le travail des planches, et le progrès sera réel de l'une à l'autre. C'est que l'expérience ne s'acquiert pas dans le labeur du cabinet, à écrire drame sur drame, ou comédie sur comédie qui s'entassent en montagnes de paperasses. Elle est sur la scène, l'expérience, à la rampe, dans les répétitions, devant le public, sur le champ de bataille. Là seulement l'œuvre s'éclaire de son vrai jour ; là seulement est l'enseignement de l'art le plus difficile, parce qu'il n'y a d'autre professorat de la littérature dramatique que les leçons de l'expérience personnelle. C'est donc aussi un théâtre d'application qui s'ouvrira sous la colonnade du second Théâtre-Français, et assuré, celui-ci, contre la malechance, par l'appui fraternel du premier. Car c'est très-joli, cela : théâtre d'application — mais la difficulté n'est pas de créer un théâtre, la difficulté c'est de le créer viable !

Pour les jeunes comédiens, le Théâtre-Français en a accaparé, et en accapare tous les jours, un certain nombre, qui n'y trouvent que peu ou pas l'occasion de se produire. Ne donnant presque jamais, cette jeune troupe s'ennuie, se décourage et se rouille, de sorte que, le jour où se fait parmi les sociétaires un vide qu'il faudrait combler, vous avez remarqué qu'on ne trouve guère parmi les nouveaux venus que des sujets... de déception! A qui la faute, si ce n'est aux causes que je vous ai dites plus haut? — Et où voulez-vous que ces recrues aient appris l'art dramatique, si elles n'ont pas été exercées? Quels progrès auront-elles faits sur la scène... si elles n'y sont pas montées? Pour les comédiens aussi, et encore qu'ils aient eu les leçons du Conservatoire, il n'y a qu'un véritable enseignement : celui des planches. Le second Théâtre-Français ne le leur marchandera pas.

J'arrive — enfin — au mode de fonctionnement, et, ce mesemble, si je vous prouve que ce fonctionnement est aussi simple qu'est avantageuse l'institution, je ne vois pas pourquoi le gouvernement tarderait à faire l'application de mon système.

La simplicité du fonctionnement résulte, à mon sens, de l'assimilation du second Théâtre-Français à une succursale d'un établissement principal. A tous les chefs de service, qui fonctionnent rue de Richelieu, on adjoindrait des sous-chefs fonctionnant place de l'Odéon, et dirigés par un Commissaire du gouvernement, sorte de lieutenant-colonel, dont le colonel serait l'Administrateur du Théâtre-Français.

Cette administration serait nécessaire pour centraliser tous les services du théâtre de la rive gauche en une seule main; et aussi pour veiller, sur place, à l'exécution loyale, et non pas seulement stricte, du cahier des charges que l'État continuerait d'imposer à la direction du second Théâtre-Français, ce qui donnerait assez d'indépendance et d'autorité au commissaire du gouvernement pour que le choix dût en être fait avec tact et discernement. A part les questions qui seraient laissées à son initiative, et au sujet desquelles il n'aurait pour supérieur que le Ministre compétent, — car en ma qualité de sceptique, je suis bien obligé de prévoir par avance que certaines difficultés de détails pourraient survenir entre les deux théâtres, je leur assigne un lien fraternel, et l'on sait trop, sans remonter jusqu'à la Thébaïde, qu'il n'y a pas comme deux frères pour se chamailler entre soi. Il faut que le plus jeune soit pourvu d'un... tuteur qui, au besoin, le protége contre l'aîné, qui le défende, qui le couvre, et qui n'attende même pas à pacifier une contestation, toujours attentif à la prévenir. — A part cet aspect personnel de sa mission, l'administrateur du second Théâtre-Français serait véritablement le délégué de l'administrateur du premier Théâtre-Français, comme il y aurait un sous-chef de service pour le secrétariat, la caisse, le matériel, etc.

L'administrateur devra être un lettré, — un bon régisseur de la scène suffisant à conduire le travail des répétitions (et je demande comme régisseur un homme très-entendu dans son art, pour que son expérience facilite la tâche des auteurs et des comédiens souvent inexpérimentés). — Il faut que l'administrateur soit apte à guider littérairement le jeune écrivain, afin que, si telles scènes, telles tirades de vers ou de prose sont modifiées au cours des répétitions, il puisse, en parfaite connaissance de cause, aider, conseiller et critiquer l'auteur au point de vue littéraire, comme le régisseur l'aidera, le conseillera, le critiquera au point de vue scénique. Il va sans dire que ces fonctions demandent, en outre d'un peu de talent, beaucoup de dévouement, et cette force qui soulève les montagnes : la foi ! — En tout cas, cet administrateur ne sera pas un spéculateur : il ne connaîtra, dans son administration, ni la cupidité ni l'avarice, et un traitement assez élevé pour sauvegarder sa dignité et son indépendance, — et aussi pour permettre au gouvernement d'exiger qu'il consacre à sa mission toutes ses heures, toutes ses forces et toutes ses facultés, sera — la juste rétribution de son labeur, qui pourrait être, aléatoirement, augmentée par une part proportionnelle dans les bénéfices de l'exploitation, ainsi qu'il est fait pour l'administrateur du Théâtre-Français.

Voilà donc l'état-major formé au deuxième Théâtre-Français. Il y a maintenant une salle, une scène et des bureaux. Comment recruter les œuvres et les artistes qui devront amener le dernier venu : le public?

Les artistes, je vous l'ai dit en principe : avec le superflu de la Comédie-Française, et ce qui serait réengagé par elle dans la troupe actuelle de l'Odéon, sans qu'il soit fait d'ailleurs d'affectation spéciale pour tel ou tel théâtre. Tous les pensionnaires du Théâtre-Français joueraient alternativement sur les deux scènes, selon les exigences des deux affiches combinées, ici ou là, au gré des distributions faites par l'administration, avec les principes, respectés cependant, du rang dans l'emploi, de l'ancienneté, et de tous les droits en usage au Théâtre-Français.

J'ai dit à dessein : les pensionnaires. Eux n'ont, en effet, que des avantages à espérer du dédoublement que je propose. Il n'en est pas de même des sociétaires; à ceux-ci, à qui ne manque pas l'occasion de se produire, dont aucuns, même, succomberaient plutôt à la tâche, la création d'un second Théâtre-Français serait une charge nouvelle, pour laquelle il y aura lieu de faire appel à leur dévouement. Charbonnier est un peu maître chez lui. Ces messieurs diraient volontiers : « Nous sommes bien comme nous sommes ! Que gagnerons-nous à changer? » Et voilà pourquoi j'espère que mon système sera une source de partages nouveaux; parce que les sociétaires gagneront ainsi quelque chose à changer ! Ils y gagneront, financièrement parlant. — C'est une séduction, mais cet autre avantage ne sera pas dédaigné par eux, moins intéressés qu'on ne les accuse d'être : Ils travailleront, pour leur part, au bien de la littérature dramatique, et ils favoriseront, de tout leur pouvoir, l'éclosion d'une génération nouvelle d'auteurs et d'artistes, qui sont la gloire à venir de leur propre maison. Demandez à un jardinier ce qui l'intéresse plus vivement : le vieux parc tout venu, ou la jeune pépinière qui grandit ?

Vous verrez que ce ne sera pas une sinécure pour les sociétaires que la création de la... succursale ! Augmentation de bénéfices, soit — mais aussi surcroît d'occupation. — Et déjà, je voudrais, dans le but de donner plus d'éclat aux représentations du deuxième Théâtre-

Français, et suivant les possibilités du répertoire, qu'un ou plusieurs de messieurs les sociétaires de la Comédie-Française fût ou fussent détachés au théâtre de la rive gauche, soit pour une création importante, soit pour des représentations extraordinaires.

Il arrive fréquemment, en effet, que tels et tels sociétaires sont en dehors de la distribution d'une reprise, ou d'une œuvre nouvelle. Je voudrais que le second Théâtre-Français bénéficiât de ces loisirs. — Cela permettrait — ou de confier à l'un des sociétaires une création importante dans une pièce du théâtre de la rive gauche, à laquelle il prêterait l'appui de son talent, et de son renom — ou de donner le même éclat à des représentations du grand répertoire, qui ne sera pas négligé, c'est encore un point essentiel.

Une objection serait faite, que je réfute par avance, en disant un mot de la composition des affiches du second Théâtre-Français.

Il ne faudrait pas que la scène de la rue de Richelieu fût gênée dans l'exploitation de son répertoire par les dispositions prises sur la scène de la place de l'Odéon ? — A cela il n'y a pas de danger, à la condition que celle-ci fasse comme celle-là, et ne joue point, sept jours sur sept, le même spectacle.

Se réglant, chaque semaine, sur le répertoire convenu au premier Théâtre-Français, l'administrateur du second donnerait sa pièce nouvelle les mêmes jours où l'administrateur du premier donnerait la sienne, de sorte que, sauf les accidents inattendus, il n'y aurait jamais de sujet de conflit. En cas d'accident, il va sans dire que le second théâtre subirait les exigences du premier, et modifierait son affiche comme l'exemple lui en serait donné. Mais cela n'est que l'imprévu, avec lequel toute autre direction n'aurait pas moins à compter.

Le théâtre de la rive gauche, et ce serait une excellente mesure à y importer, aurait trois affiches par semaine — trois fois, il donnerait sa pièce nouvelle, — trois fois un spectacle composé des deux répertoires d'auteurs vivants — une fois, le dimanche, il donnerait un spectacle classique — et ceci me sourirait fort qu'il pût créer des abonnements d'étudiants, abonnements à prix réduits, comme il s'en fait, dans les théâtres de province, pour ces mêmes étudiants. Ce serait pour eux une distraction d'un ordre élevé, dont ils ne manqueraient pas d'être reconnaissants à qui la leur donnerait; et ce serait, pour l'administrateur du second Théâtre-Français, l'obligation d'apporter, dans les spectacles de son répertoire, une variété qui fait furieusement défaut à l'Odéon actuel. Ces abonnements répondraient aussi à l'impulsion du jour, et si leur création paraissait une charge pour le théâtre, je répéterais que la salle en question est assez vaste pour se permettre le luxe de spectateurs à prix minimes — surtout quand il s'agit d'attirer la Jeunesse studieuse au théâtre de la Jeunesse dramatique !

J'en aurai terminé avec le chapitre du comédien, quand j'aurai dit que — en vertu de cette loi que toute peine vaut son salaire — un feu exceptionnel serait la juste rémunération du déplacement du sociétaire du Théâtre-Français en représentation sur la scène de la rive gauche.

Mais je n'en ai pas fini avec le surcroît de peine que je demande au zèle des sociétaires du Théâtre-Français. — C'est aussi à leur comité que je confierai le jugement et la réception des œuvres qui devront être représentées au second Théâtre-Français.

Et d'abord il n'est que juste que cette réception leur soit réservée. C'est de leurs deniers que vivra le théâtre nouveau ; à eux de veiller sur l'entreprise, par le choix des œuvres représentées sur la scène où leur fortune est si directement intéressée.

Ce n'est pas que juste, c'est aussi sage.

On a beaucoup attaqué le comité de lecture du Théâtre-Français. — Les refusés sont des ennemis naturels — mais combien peu leurs voix nous importent? Salomon, lui-même, ce magistrat étonnant, qui coupait les enfants en deux, pour satisfaire à la fois le demandeur et le défendeur — ce qui, entre parenthèse, est un bon moyen de trancher les enfants, mais un moyen déplorable de trancher les questions de droit, — Salomon, dis-je, n'a pas dû exercer sa magistrature sans se créer autant d'ennemis qu'il avait fait de plaideurs malheureux. Pour en revenir au comité de lecture du Théâtre-Français, je ne sache pas de juridiction qui offre plus de garantie, à l'auteur dramatique.
— Le juge le plus expert peut se tromper — plusieurs juges y sont moins sujets. Il n'est bon cheval qui ne bronche... toute une écurie ne bronche pas à la même minute. — Et cela est si bien de principe dans l'orga-

nisation de notre Justice, que nous voyons augmenter successivement le nombre des juges, à mesure que s'élève le degré de juridiction — un juge de paix — trois juges au tribunal, — sept, huit, neuf et plus encore à la cour d'appel, — je ne sais combien à la cour de cassation.

La pluralité des sociétaires, juges, me paraît donc une première garantie. — La qualité de comédien en est une autre. Par état ils découvrent, aussi bien et mieux que nous, les mérites et les défauts de l'œuvre dramatique soumise à leur appréciation. Leur expérience les met en garde contre les vaines apparences, et leur dévoile les beautés, cachées quelquefois sous une lecture maladroite. Ils savent d'avance ce qui, à la lumière de la rampe, rend ou ne rend pas, où est le point faible de l'ouvrage, où en est le clou. En un mot ils connaissent leur public, et la pâture qui lui convient.

Quant à la loyauté de leurs jugements, je défie qu'on formule une accusation ayant une apparence de vérité ! Il n'est pas vrai que le désir de jouer un beau rôle, ou le dépit de le voir destiné à son prochain, fasse commettre au sociétaire la mauvaise action de voter contre sa conscience. Les deux sentiments sont humains ? — Soit, mais si ces messieurs sont accessibles à ce désir ou à ce dépit, l'un et l'autre ne tiennent pas contre le devoir toujours accompli, fût-ce même à contre-cœur. — J'ajoute que leur intérêt même répond de leur loyauté, puisqu'ils sont, les premiers, victimes ou bénéficiaires de leurs insuccès ou de leurs succès. — Et si quelquefois un de ces juges s'est endormi à la douce musique des alexandrins, ne lui en faisons pas un crime ! Cela est arrivé à Samson : L'auteur eut l'imprudence de le lui reprocher. — « Eh ! répondit l'il« lustre comédien, le sommeil est une opinion ! »

Vous connaissez trop bien le fonctionnement du Comité de lecture, pour que je ne glisse pas dessus, avec une rapidité dont je n'ai pas fait assez montre jusqu'ici : — avant la lecture au comité, et quand l'auteur n'y a pas encore droit par suite de représentation antérieure sur la scène du Théâtre-Français, la pièce, déposée au secrétariat du théâtre, passe par une commission d'examen, qui est comme un tribunal de première instance. — La même commission, augmentée d'un ou deux lecteurs, vu le nombre accru des manuscrits présentés, connaîtrait également des œuvres déposées au secrétariat du deuxième Théâtre-Français. — Cette commission fait sur chaque ouvrage un rapport qui est lu en séance du Comité, et conclut soit au rejet, soit à la lecture au Comité. Si le rapport conclut à la lecture, l'auteur est convoqué pour faire cette lecture, par lui-même ou quelqu'un qui le représente, devant les six membres du Comité, présidé par l'administrateur, lequel a voix prépondérante en cas de partage. La lecture faite, le Comité, en l'absence de l'auteur, discute et vote après discussion. En l'état, trois cas se présentent : La réception de l'œuvre, le refus, ou l'admission à une seconde lecture, qui n'est quelquefois qu'un refus poli, mais qui peut être aussi une véritable réception à correction. Je voudrais que le Comité, qui se réunirait régulièrement — et plus souvent qu'il ne fait aujourd'hui, puisqu'il aura à juger, en plus, les œuvres destinées au second Théâtre-Français, — que le Comité, présidé toujours par l'administrateur général — et en présence de l'administrateur du deuxième Théâtre-Français lequel aurait droit de discussion et de vote, sans avoir voix prépondérante — après avoir refusé l'œuvre entendue pour être représentée sur la scène de la rive droite, eût à voter la réception de la même œuvre pour être représentée sur la scène de la rive gauche. En d'autres termes : Première question : « Acceptez-« vous, pour être jouée au premier Théâtre-Français, « la pièce qui vous a été lue ? » Premier vote : oui ou non. Si c'est non, seconde question : « L'acceptez-vous, « pour être jouée au deuxième Théâtre-Français ? » second vote. En sorte qu'il serait fait pour l'auteur, séance tenante, ce qu'il fait aujourd'hui lui-même, et non sans peine ni temps perdu ; et la réception à correction cesserait d'être une formule souvent vaine, puisqu'elle équivaudrait, en fait, à la réception au deuxième Théâtre-Français. Les sociétaires de la Comédie voudront bien accepter ce surcroît de besogne, moins gros qu'il ne paraît d'abord ! En nombre de cas, il n'y aura, en effet, qu'un vote de plus : le comité écartant actuellement plus de pièces qu'il n'en admet, ce sont elles justement qui formeront en grande partie le bagage du deuxième Théâtre-Français. Pour compléter cet approvisionnement qui pourrait être insuffisant, il y aurait des ouvrages de l'un et l'autre répertoires qui pourraient être repris au deuxième Théâtre-Français;

des œuvres arrêtées en cours de représentation sur le premier, et qui seraient transportées sur le second pour y achever leur carrière ; des pièces reçues primitivement au premier, et dont l'auteur impatient consentirait au déplacement, d'accord avec l'administrateur général ; et enfin le répertoire classique qui prendrait exactement un jour sur sept. — Vous voyez que les ouvrages dramatiques ne manqueraient pas au deuxième Théâtre-Français, pas plus que les comédiens. — Que nous reste-t-il à souhaiter? L'empressement du public ! Soyez certain qu'il répondra à notre appel. — Ouvrons les portes, la foule ne demande qu'à entrer.

Et ne croyez-vous pas que cette combinaison serait essentiellement applicable à la musique, et que le secret de la vitalité du Théâtre-Lyrique serait d'en faire la succursale de l'Opéra ou de l'Opéra-Comique?

Si, cependant, on vous dit, car rien n'est nouveau sous le soleil, que l'expérience a été faite une fois pour le Théâtre-Français et l'Odéon, répondez hardiment qu'elle ne fut nullement concluante, et qu'en ce temps-là le Théâtre-Français ne se trouvait pas dans les conditions de prospérité où nous le voyons aujourd'hui, et qui sont indispensables au succès de la combinaison. Il luttait difficilement contre des rivaux plus florissants que lui, et n'avait pas trop de toutes ses forces pour défendre son seul drapeau.

J'ai fini, mon cher ami, et je souhaite ardemment que cette étude, peut-être trop complète pour être toujours attachante, fasse son chemin dans la presse et dans l'opinion. Je suis si convaincu d'avoir prêché la vérité, que je voudrais, pour l'amour d'elle, que cette vérité triomphât! Que l'Odéon devienne, en titre et en fait, le second Théâtre-Français, et j'aurai cette joie d'avoir, sinon fait une grande et bonne chose, ce qui n'est pas en mon pouvoir, hélas! du moins de l'avoir inspirée. Ne croyez pas d'ailleurs que j'ambitionne mieux : attacher mon nom à l'accomplissement de l'œuvre! L'expérience m'a démontré si souvent la vérité de cet axiome : « Sic vos non vobis, » que je serais le plus surpris des hommes, si, mes idées adoptées, l'administrateur du second Théâtre-Français allait être

Moi.

www.ingramcontent.com/pod-product-compliance
Lightning Source LLC
Chambersburg PA
CBHW060706050426
42451CB00010B/1299